一粒のたねから

坂岡隆司

社会福祉法人
ミッションからしだね　理事長

Forest Books

装丁＝デザインオフィス　ニューズ

推薦の言葉

長年医療に携わって実感することは、医学がどんなに発展しても福祉分野の充実がそれに伴っていないと人は安心できないのではないかということである。医療行為は概して病院という施設で行われるが、福祉の場は地域であり生活そのものだからである。それゆえ、福祉に対する私の期待は大きい。

『医療の心、福祉の心』（二〇一一年、いのちのことば社）の中に私が項を設けて、坂岡氏の始められた「からしだね館」の働きを紹介したのはそのためである。

しかし医療、医学のめざましい進歩がある一方、福祉分野においては解決すべき問題といまだ手つかずの分野が多くあることが大きな社会問題になってきている。

本書の著者坂岡氏は、京都市内の老人施設長を長年手がけられながら、人生の後半、ひとりの人から「あなたがたキリスト者はこの問題にどう応えられるのか」という問いかけを神の導きと受け止め、日本で一番遅れていると言われていた「精神障がい者の福祉施設」を立ち上げられた人である。今でこそ、障がい者は地域で生活し、社会参加で仕事することは当然のことのように受け止められているが、その実現はつい最近のことである。

ところで、私どもは、仕事の世界に入ってみると、あれもこれも手つかずの分野、また手の及ばない分野がどの職業の中にもあるのではないかと思う。そして、その中に神の問いかけが潜んでいると思う。人間は問われる存在であり、折々の年齢に応答を求められる存在であるということである。

新約聖書の中にある「ヤコブの手紙」には「『暖かになり、十分に食べなさい』と言っても、もしからだに必要な物を与えないなら、何の役に立つでしょう」（二章一六節）という御言葉があるが、私どもキリスト者は言葉だけで終わってしまうことが多い。この点、本書は、一キリスト者の実践の書であるとともに、キリスト者への問いかけのメッセージとも言える。

本書を介して多くの読者が自分のできる支援、援助が何であり、人との関わりがいかにあるべきかを学んでほしいと思う。

またもう一つ、本書を介して福祉関係者に切望することがある。それは、その「働きの質」という問題である。

私と坂岡氏との出会いは、彼の職業人としての誠実さに基づくものである。坂岡氏は長年老人福祉に携わられたといっても、「からしだね館」の開設に際して肝心の精神科領域のことがよくわからないと言って、準備のためにわざわざ京都から当時守山市にあった私の大学に、その仲間数人で月一度通い続けられた。それが機縁で、私は彼の人となりを知ることになっただけでなく、その後も「からしだね館」で月一度の事例研究を四〜五年続け、講演会なども経験した。

日本の福祉は、ようやくあちこちで施設はできたにせよ、その内容、サービスの質、スタッフ研修はまだまだ遅れているのではないか、と私は思っている。この点、キリスト教的な視点で物事を見、福祉に関わっておられる著者の生き方は、多くのキリスト者に反省を迫るものでないかと思う。この意味でも、本書が幅広く用いられることを強く願っている。

精神科医・平安女学院大学名誉教授　工藤 信夫

目次

京都市山科区に建つ「からしだね館」。
1階がカフェとなっている。地上3階、地下1階建て。

からしだね館とは

「からしだね館」は、地域で暮らす精神障害者の自立と社会参加の支援を目的として、二〇〇六年六月、京都市山科区で開設されました。「就労継続支援B型事業」と「地域生活支援センター」という二つの事業を柱にしています。

B型事業では、実際の作業（仕事）を通して、当事者の方々が就労への自信と力を回復していくのを支援しています。おもな仕事としては、カフェ、地域の高齢者宅への配食サービス、印刷・デザイン、高齢者共同住宅へのヘルプ業務などです。

支援センターでは、当事者の生活上の様々な相談に応じたり、福祉に関する情報提供、居場所の提供、引きこもりがちな方々への支援など、幅広い活動をしています。また、講演会やイベントの企画など、地域交流や啓発活動にも力を入れています。

【からしだね】

実際にある、とても小さな種。

聖書の中では、「天の御国は、からし種のようなものです。それを取って、畑に蒔くと、どんな種よりも小さいのですが、生長すると、どんな野菜よりも大きくなり、空の鳥が来て、その枝に巣を作るほどの木になります」と記されています（新約聖書・マタイの福音書一三・三一～三二）。

どんなに小さな種にもいのちがあり、それが地に蒔かれるとき、いのちの営みが始まります。そのように、どんな人にでも、この世界で与えられているミッション（使命）があります。一人一人がそのミッションをいきいきと生きられる社会が実現したら、どんなにすばらしいことでしょうか。

はじめに――からしだね館と福音

失われてはならない「一匹」

今から十数年前のことになりますが、教会内である出来事が起こりました。たまたま、その問題を担当する立場であった私は、いやがおうにもそれに関わらざるを得なくなりました。それは個人の名誉や信仰にも関係する、一歩間違えれば取り返しのつかないことになる、デリケートで大切な問題でした。

いろいろな経過があり、半年ほどたってようやく一応の解決を見たのですが、払われた犠牲は、決して小さなものではありませんでした。

この経験は私にとって、それまでのキリスト者としての生き方を根本から見直す大きな機会となりました。

聖書の中には、九十九匹を残したまま、失われた一匹を捜し求める羊飼いの物語がありますが、教会がそのスピリットにほんとうに生きているのかどうか。組織や形を守ることに心奪われるあまり、失われた一匹に対する思いが後回しにされていることはないか。そんな問いかけです。

それはまた、回復された一信仰者として自分はどう生きているだろうか、という自分自身に対する問いでもありました。

志を与えられる神

その出来事を契機として、私は神の愛に応えるとはどういうことだろうか、とあれこれ考えるようになりました。

四十代の半ばを超え、人生の折り返しを過ぎ、働ける時間もだんだん限られてきましたので、捨てられる仕事はできるだけ捨て、どうしても必要なことだけに集中しようと考えていました。

そんな二〇〇二年の初夏のある日、私のところに精神障害者のための施設をつくる話が飛び込んできました。

私はそのころ、ある老人ホームの施設長をしていましたが、そこでは長年、社会復帰を目指す精神障害者を受け入れて、就労のための訓練をしていました。そのような関わりもありましたので、私にとっては、とても心動かされる話でした。しかも、あなたのところの教会でやってくれないか、という相談でした。

教会で！　私は思わず胸を突かれる思いでした。話を持ってこられた方はさらにこう言うのです。

「キリストは、病人や障害者を訪ね歩いて声をかけ、助けられたのではないか。だったら、あなたたちも同じようにするべきではないか。教会に集まって話を聞いて、それでいったいあなたたちは何をしているのか？」

もちろん、「教会＝福祉事業をする団体」ではありません。現実的には多くの無理があります。しかし、クリスチャンではないその方の言葉には、いま教会が真剣に耳を傾けなければならない指摘があると思いました。

私は、いろいろなことを思い巡らしました。自らの問題意識、経験、応援してくれる周囲の方々の存在、行政の協力と要請、ある程度の資金の見込み、どれをとっても、これ以上条件がそろうことはないだろうと思われました。

その年の七月二十一日の教会の礼拝で、聖書のなかの「エステル記」四章が開かれました。

「もし、あなたがこのような時に沈黙を守るなら、別の所から、助けと救いが……起ころう。……あなたがこの王国に来たのは、もしかすると、この時のためであるかもしれない。」（一四節）

牧師の話を聞きながら、私はこの事業が間違いなく神が私に託してくださったものである、との確信を持つようになりました。

しかし、実現までには多くの山坂がありました。

二〇〇三年度の事業として進んでいた当初の計画は、建設予定地の住民の方々の理解が得られず、ついに流れてしまいました。

しかし、「完成させてくださる神」（新約聖書・ピリピ人への手紙一章六節）は、別のもっとすばらしい場所を与えてくださり、ついに二年後、現在地にて、「からしだね館」をスタートさせることができました。

からしだね館と福音

事業開始から今日まで、迷いながらですが、何とかここまで来ることができました。この間の実践を通して見えてきたことや、考えさせられたことは少なくありませんが、とりわけ援助のあり方については多くのことを学びました。

ある若い男性利用者がいました。彼はクリスチャンでした。からしだね館を彼なりの伝道の場と考えていた面がありました。たまたまキリスト教に関心を持った別の利用者（女性）がおられ、彼は彼女に「伝道」を開始したのですが、やがて双方の行き違いからトラブルが生じてしまいました。双方の関わり方に問題があり、私たちスタッフもいろいろ介入したのですが、うまくいきませんでした。

彼の彼女への不満と怒りはおさまらず、とうとう彼女の留守宅に行って、家のガラスを割るという事件を起こしてしまいました。彼は自分のやった暴力行為の責任を問われても、病気がそうさせたのだと主張するばかりで、とんでもないことをしてしまった、自分はこのままではいけない、という「ひっかかり」がありません。

スタッフがそこを指摘すると、動揺し、「あなたがたは病気のこともキリスト教のことも福祉のこともわかっていない」と怒り、いつしか去っていきました。

永遠のいのちはどうしたら得られるか、とイエスに問うた青年は、自らの抱えている問題から目をそらし、悲しんで去っていきました（新約聖書・マタイの福音書一九章参照）。イエスは、青年の肩をつかんで引き戻すことはされませんでした。福祉における対人援助も、これに通じるものがあります。そして、一人の人を大切にする、ということのほんとうの意味もここにあります。

「弱く小さくあることに丁寧に付き合っていきたい」——かつてからしだね館

建設のためのチャリティーＣＤを制作したとき、そのような言葉をタイトルコピーに付けました。

これは弱く小さい障害者に、元気な健常者が丁寧に付き合うということを指しているのではありません。また形として表れる「障害」そのものを指しているのでもありません。私たちが目を留め、丁寧に付き合っていくべきは、私たちのうちにある弱く小さくある「こと」であると思うのです。

聖書の中には、三十年以上も病気を患っていた男性が、イエスに「良くなりたいか」と声をかけられ、起きて床を取り上げて歩きなさい、との言葉に反応し、見事に回復したという出来事が記されています（新約聖書・ヨハネの福音書五章参照）。彼は、病気が治らない現実と、その現実の前に無力である自分から目をそらしませんでした。そして、イエスの呼びかけに応えて一歩を踏み出したのです。

人はみな、自分の力ではどうすることもできないものを抱えて生きており、常に回復され続けることを必要としています。障害のあるなしの差は、何もありません。

「あなたはあなたのままでよい」とは、よく言われることですが、自分に与えられた弱さを謙虚に受け止めて背負っていくことと、弱さにおぶさって「甘えて」生きていくこととは全く別のことです。与えられた弱さに甘えないで、どこまでも背負っていこうとする誠実さと、より良い自分に変えられたいと願う素直さを、神は何より喜んでくださるのではないでしょうか。

そして、そのような生き方の道々で、弱さは神の愛と恵みをより深く知るための道具として光を放ち、私たちをより成熟へと導いてくれるのではないでしょうか。福音とは、いわゆる「天国への希望」だけではなく、私たちの地上の人生そのものが成熟していくことにもあると思います。

誠実な慎ましさの中で、じんわりと温かく周りの人たちを励ましていくような生き方、そこにこそ福音の醍醐味があるように思います。

そしてからしだね館は、そんな福音のすばらしさを、多くの方々とともに分かち合う場でありたいと願っています。

〔初出・二〇〇七年十月〕

一粒のたねから

関わり——新しい風景へ

〝よきサマリヤ人〟という有名な話が聖書に出てきます。愛とは何か、隣人《となりびと》とはだれか、という律法の専門家の問いに対し、主イエスがこのエピソードをあげたうえで、あなたも行って同じようにしなさい、と言われるところです。

強盗に襲われて瀕死状態の人がいて、たまたまそこを通りかかったあるサマリヤ人がそれを見て助けるという話なのですが、ただ、それが尋常な助け方ではありません。とりあえず応急の処置をして宿舎を確保する。さらに、かかった費用も自分が払う、というのです。

物語では、このサマリヤ人の前に祭司とレビ人が通りがかったが、彼らは見て見ぬふりをして行ってしまったとあります。

そんな彼らと比べて、このサマリヤ人はどうか。彼こそ愛の実践者であり、真の隣人である。だれしも、なるほどと思うのではないでしょうか。ただ、このサマリヤ人がどうしてこうも手厚く熱心に行動できたのだろう、というのが、じつは私のもう一つの感想でした。

彼はどんな人物だったのでしょうか。金持ちだったのか。どんな仕事をしていたのか。家族は？　年齢は？　あれこれ考えると、いろんな人物像が浮かんできます。

しかし、どんな人物だったにせよ、それで彼のあそこまでの熱心さは説明できません。

むしろ、彼はどこにでもいる平凡で目立たない人間だったのではないかと私には思えます。仕事の重荷があったかもしれません。家族の問題に悩み、健康に不安があったかもしれない。そんなごく普通の人が、旅の途中で瀕死の人を見かけたときに、どう思っただろうと考えてしまうのです。

もちろん、ただ事ではないと思ったでしょう。しかし、不安や躊躇はなかったでしょうか。モタモタしているうちに、自分も同じ目にあうかもしれないという恐怖を覚えることはなかったでしょうか。

私はあったと思います。もしかしたら、えらいところに出くわしたもんだ、と舌打ちぐらいしたかもしれません。

ただ、彼はとりあえず現場に近づいて行きました。そして、無残な被害者の姿を見て心動かされます。

苦しそうな息づかい。傷口から流れる血。腫《は》れあがった目がすがるように彼を見上げます。

思わず彼は腰を落として声をかけます。

「しっかりしろ、今助けてやるからな」——その言葉が口をついて出たのに、自分でも驚きます。そして、そこから、彼の徹底した救助活動が始まりました。最初はそんなつもりはなかったのに。

以上は、あくまでもイエスのたとえ話であり、それを読んだ私の想像です。

＊

長々と聖書の物語を引用しました。

じつは、私たちがよく言う「関わり」ということについて考えてみたかったのです。

私はいま、精神障害者の方々を支援する福祉の仕事をしていますが、これも関わりと言えば関わりです。

もともと、私と精神障害者との関わりは、私がある老人ホームで働いていたころ、そこで就労訓練のために若い精神障害者を受け入れていたことから始まります。

病気を抱えて生きる彼らの厳しい現実。社会の偏見や無理解。彼らの苦労を見聞きするにつけ、これはなかなか大変な問題だと気になり始めていました。

そんなとき、教会で一つの問題が起こり、その出来事を通して、私はある深刻な問いを投げかけられた気がしました。

それは、教会は本当に「人」を大事にしているだろうか、というものです。言葉ではなく、行為においてどうか――それはまた、自分自身への問いかけでもありました。

それから私は自分なりに、やるべきことを考え始めました。様々な経過があり、気がつくと（！）私はいま、心病む方々を支援する仕事をしています。


関わり――それは、神の問いかけに素直に反応することではないでしょうか。その問いは人によって違うものかもしれません。

しかし、それに丁寧に向き合っていくうちに、「そんなつもりはなかった」新しい世界に、神は私たちを入れてくださるのではないかと思います。

とはいうものの、「この人はなぜ、生まれてこなければならなかったのだろうか」と思うような心痛む事例にも出くわします。

救いのないような現実や、それにどんな意味があるのかと思うような出来事があります。それでもなお、それに付き合い続ける。そのとき、何が見えてくるのでしょうか。何がその先にあるのでしょうか。

それこそ、神が私たちに見せたいと願っておられる風景なのではないでしょうか。

「寄りそう」ということ

福祉の仕事をしながら、「寄りそう」ことにこんなにも近く、かつ遠い世界はないのではないかと思っています。

私たちの「からしだね館」は、地域で暮らす精神障害者の自立や就労を支援する施設なのですが、はたして、どのような支援がその方の自立や回復につながるのか、日々迷い悩みながら自問自答を繰り返しているのが実情です。

毎日の朝礼でも「人の痛みや弱さに寄りそうことのできる、あたたかな援助者としてください」と祈るのですが、ではその寄りそうとはいったいどういうことなのか、必ずしもわかっているわけではありません。

これはわが職場のワーカーの体験談です。彼女は数年前、がんで母親を亡くしたのですが、付きそっているときに、ときどき母親から死期について話をされたそうです。福祉のプロとして常に学んでいるはずなのに、まともに母からの言葉に答えられずオロオロするばかりだった、ひどい娘だったと彼女は告白していました。

＊

もうひとつ、これは親しくしているある牧師の話です。神学生だったころ、訓練に耐えられず行き詰まって、とうとう寮を逃げ出してひと夏を教会で過ごしたそうです。恩師である女性宣教師は、そういう自分をただ黙って受け入れてくれた。何も言わず、何も訊《き》かなかった。それで、夏が終わるころ、自分はもう一度神学校に帰って行くことができた。ざっとそんなお話でした。

これらのエピソードを聞きながら、「寄りそう」とは、じつはそういうことなのでは、と思っています。

それは、必ずしも何か具体的に手を差し伸べることではないかもしれませんし、また教えることでも導くことでも、あるいは助けるということでもないのかもしれません。

オロオロしながら母のそばに立ち続ける娘。神学校から逃げ帰ってきた青年を黙って迎え入れる女性宣教師。

彼らは、ただその人の傍《かたわ》らにたたずんでいるだけです。

でも、その心は痛いほど愛する者たちに向かっています。その気配が人に安心を与えたり、もう一度、自分自身に向き合うことをさせたりするのではないか、と考えるのです。

正直なところ、障害をもった方々を支援するという仕事をしながらつくづく思うことは、人間の複雑さや生きることの難しさ、そして支援者の無力さです。

そうした限界をわきまえつつ、あえて隣人の傍らに立ち続けること、それが寄りそうということなのかなと思っています。

カフェ・トライアングル

からしだね館１階にある「カフェ・トライアングル」。

ときには音楽や朗読のライブもあり、ギャラリーとしても使われる。地下の多目的ホールは地域にも開放されている。

障害当事者にとっては就労訓練の場であり、施設と地域社会との大切な接点でもある。

預かったいのち

私たちの施設「からしだね館」には、犬がいます。

じつは、五年前よりわが家で飼っているのですが、毎日いっしょに「出勤」しているので、今ではすっかり「からしだね館の犬」になっています。

名前はデブ。雑種の雄です。この犬を見て、名前を聞かれた方は（特に愛犬家は）、一瞬びっくりされます。名前が「デブ」だからといって、決して太っているわけではありません。むしろ痩せています。

まだデブが子どものころ、大阪南部の自衛隊の駐屯地で親子で暮らしていたところを捕獲され、保護センターやボランティアさんのところを転々とした後、縁あって私のところにやって来ました。ですから、元〝野良犬〟です。引き取ったとき、推定で生後六か月くらいだろうと言われました。痩せてガリガリだったので、思わず正反対に「デブ」と名づけてしまいました。

わが家で犬を飼うのは初めてでした。そのころ、私も妻も公私にいろいろと難儀な問題を抱えていて、何となく気の重い日々を過ごしていました。そんなとき、妻がふと、犬を飼おうかと言ってくれたのが始まりでした。

初めて犬を飼うわが家に、譲渡会の事務局から誓約書の提出が求められました。どんな環境で飼うのか、予防注射について、万一の時の対応など、たしか五、六項目はあったと思います。要するに最後まで愛情と責任をもって飼います、という約束です。

そこで初めて知ったのですが、私たち家族はデブを「もらう」のではなく、「預かる」ということでした。つまり里親です。

私はちょっと意外でした。行き場所がなければ処分されることになる犬だからこそ、もらい受けるのではないか。それに、言われなくてもそれぐらいの覚悟はありますよ、と。

ともあれ、私は誓約書にサインをし、そしてわが家は、痩せっぽちの少年のような仔犬の里親になったのでした。


毎朝デブは、私の車に乗ってからしだね館まで「出勤」します。一日中、からしだね館で過ごし、そして私の仕事が終わると、またいっしょに家に帰るのです。そんな暮らしをもう何年も続けています。

最初デブは、からしだね館に来ても、事務所の奥で震えていました。もともと神経質で怖がりの性分で、あまり人なつこいほうではありません。特に音には弱く、雷が鳴ると怯えて部屋の隅っこに隠れてしまいますし、みんなが拍手をすると、驚いて吠えてしまいます。

さすがに今ではだいぶ慣れて、時には出入りする方々に声を掛けられるとしっぽを振って喜び、またはクンクンにおいを嗅ぎにいったりします。

私が朝目覚めて、何か困難な問題が思い浮かび、重い気持ちでぐずぐずしているとき、デブは私を見上げながら、前後に伸びをしたあと、しっぽを振って私に朝の散歩を促すのです。私は、身支度をしてデブを連れて外に出ます。重い気持ちはそのままにして。

歩きながら、花や草、風の音や空の色に季節を感じます。出会う人と朝のあいさつを交わし、デブの糞の始末をし、ときどき遠くの風景をゆっくり眺めたりします。

デブは、私のもとに来て幸せなのだろうか？　他の人のところで飼われていたら、あるいはもっと幸せだったのではないだろうか？と、ふと考えることがあります。デブは何も言いません。

そして今日も、相変わらずデブは、嬉々として私の車の助手席に飛び乗り、窓から鼻を突き出して仕事帰りの夜の空気を嗅ぐのです。そんなデブを見ると、大げさなようですが、私には彼が人生の同行者であり、また同志のように思えてきます。

何だか、愛犬の紹介のようになってしまって恐縮です。けれども、犬を飼ったことのある方なら、おそらく私のこの感想には共感していただけるのではないでしょうか。そして、私たちの生活の傍らで生きている、もの言わぬこの小さな存在によって、私たちがいかに多くを与えられ、また教えられることか、と思うのです。

愛犬と暮らしながら、私はしばしば「いのち」について考えます。彼のようにいちずに生きられないものか、彼のように軽やかに生きられないものか、と。

「空の鳥を見よ」とイエスは言われました。蒔《ま》かず、刈らず、倉に納めることをしない鳥でさえ、天の神さまはこれを養ってくださる。であれば、なおのこと天の神さまは、私たちを……というのです。だから明日のことを思い煩うな、とイエスの言葉は続きます。

もしかすると私たちは、自分のいのちは自分のもの、と考えるがゆえに、分を超えて思い煩うのかもしれません。

人に向かって語られたイエスの言葉を、デブは私の身近で生きて見せてくれるのです。

わが家に来てくれたデブ。からしだね館の「癒し犬」。

「思うようにいかない」

ある社会福祉事業家の講演を聴きにいった時のことです。

講演の後の質疑応答の時間に、ひとりの年配の女性が、傍らに座っている三十歳前後の青年を見やりながら質問しました。

「先生の施設に入れば、息子はちゃんと生きていくことができるようになりますか？」

何でも、研究職を目指して勉強していた息子さんは、大学卒業を目前にして精神を患い、退学せざるを得なくなったということでした。その後は、家で何をするでもなく、ボーっと過ごしながら、ときどき大学時代に読んでいた学術書をパラパラとめくってはながめているとのこと。

その女性は続けて言います。

「私も最初のうちは、息子が良くなって大学に戻ることができるのではないか、と期待したこともありました。でも、もういいかげんそんな夢はあきらめて、何か自分の身の丈に合ったことを見つけてほしいんです。先生の施設に入れば、息子はちゃんと生きていくことができるようになりますか?」

「それは本人次第ですが、うちでは息子さんのような青年が何人も生き生きと働いていますよ。」

講師は力強く答えました。

「ありがとうございます。」

何がありがとうなのか、少し不思議な気がしましたが、とにかくそう言って、女性はこの講師の言葉に希望を見いだしたようでした。

息子さんは、その横でただ黙ってそのやりとりを聞いているばかりです。難しい大学に入り、将来を嘱望《しょくぼう》されていた息子さんだったようです。それだけに、病気になった時のお母さんの落胆は大きかったと思います。

身の丈に合ったことを見つけて……という言葉にたどりつくまでには、多くの葛藤があったに違いありません。

そして、息子さんの「身の丈に合ったこと」を見つけられそうな場所を必死で探し回るお母さんの一生懸命な気持ちが、ひしひしと伝わってきました。

一方、息子さんのほうは、そんなお母さんの思いに必ずしもついて行っているふうでもありませんでした。

それでも、母親の期待に沿えなかったことへの後ろめたさからか、あるいは母親の行動力にすがることで何か活路が見いだせるかもしれないという期待があるのか、とにかく言われるままにここに来たという感じです。

大学時代興味を持って夢中で読んでいた難解な本を読みこなす集中力は、今はもうありません。それでも、ときどきパラパラとページをめくってみます。そのたびに、そこに書いてあることがすでに遠い世界のものになってしまっていることを思い知る――そんなことの繰り返しなのではないかと想像しました。

思うようにいかない自分。

何がどう、と言われてもおそらく答えられない、そんな戸惑いと悲しみの中で、ぼんやりと彼はそこに佇《たたず》んでいるようでした。

私たちは、生き生きと希望を持って、明るく人生を生きることを望みます。しばしば、それは宗教に求められるものです。ですから、教会は熱心に伝道をします。

どんなに困難や試練が襲ってきても、あなたは必ずその困難に打ち勝って、前向きに生きていくことができる。だから神を信じなさい、と。

それは決して間違いではありません。けれども、病気になって思うようにならない自分を抱えながら、黙って今日を生きているあの青年のことを考えると、それも何か違うように思うのです。

「人は心には多くの計画がある。しかし主のはかりごとだけが成る。」
（旧約聖書・箴言一九章二一節）

聖書にあるこの言葉は、はっきりと人の思いと神のそれとは異なるものだ、と言っています。

しかし、これは人の思いと神のはかりごとを相対立するものとしているのではなく、むしろ神のはかりごとは、人の思いを十分ふまえて、なおそのうえで実現していくものだと言っているように思います。

神のはかりごとは、人の思いを包んでいる、とでも言ったらよいでしょうか。

「生きる」ということの明るい部分、前向きな部分は大切です。

しかし、目標や生きがいを見失い、暗く打ち沈んだ気持ちを抱えながら、それでも今日一日を死なずに生きたということだけで、それは十分立派なことです。

そして、だれしも神のはからいを信じて、希望に満ちていた過去の自分をよすがにしてでも、それでもじっと耐えて生き抜かなければならない時期があるのだと思います。

あのお母さんと息子さんは、今どうしておられるのだろうかと、ときどき思い出します。大切な学術書は、まだ彼の手元にあるのでしょうか。

〝メンヘルトーク〟と「デンマルク国の話」

先日からしだね館で開催したイベントの中で、精神に障害のある方々（当事者）が、自分の体験を交えて意見や考えを自由に話すという企画がありました。題して「メンタルヘルス・トークライブ」、略して〝メンヘルトーク〟です。百名近い聴衆の中で、当事者五名にスタッフ二名が加わって、おのおの本音をぶつけての楽しいトークを繰り広げました。

たとえば、超有名人が自分の作品をほめてくれるという不思議な幻聴の話あり、阪神ファンは躁うつ病だと言い切る人あり、また、普通とはいったい何だろう？といった真剣な問いかけもあり、二時間のトークはあっという間で、笑いの中にもいろいろ考えさせられる、内容の濃いものでした。

そんな中、ある当事者の方の発言にこんなのがありました。

心の病気と診断されても、「病人」になるかならないかは自分次第。たしかに病気で薬を飲んだりしんどかったりするけれど、ものの考え方次第で、つらいことの中にプラスの要素がきちんと組み込まれている。みんなそのことに気がつけば楽になるのになあとつくづく思います、と。そして、「病気になって良かった」と思えることがたくさんあると言うのです。

〝メンヘルトーク〟の話題は厄介な病気のことで、出演した彼らの今日までの道のりは、決して平坦ではなかったでしょうし、現状とて、じつはそんなになまやさしいものではないはずです。

にもかかわらず、あの場の雰囲気のあの伸びやかさと明るさ。そこにはとても健康的なものを感じました。それはきっと、彼らが病気を自分の外に置いて眺めている、そのちょっとした余裕——ユーモアとも言える——から来るものではなかったかと思います。

病気になって良かったというのは、もちろん決して病気になったほうが良かったという意味ではなく、病気になっても良かったということで、そんなプラス思考のものの見方が、病気があろうとなかろうと、人を健康的にするのでしょう。病気があっても「病人」になるかならないかは、その人次第。たしかにそのとおりで、病気があるから必ず「病人」というわけでもない。病気はなくても「病人」になることがある。そちらのほうが深刻なのではないか、などと考えていました。

ところで、内村鑑三の『デンマルク国の話』というのがあります。これは今から百年ほど前に行われた講演の記録で、読まれた方もあるかと思います。

〝メンヘルトーク〟のことから、私は何となくこの話を連想していました。内容は一八六四年、隣国との戦争に敗れて多くの領土、しかも肥沃な良地を失い困窮を極めたデンマークが、残された荒れた領土を開発して田園と化した、そこに「戦いに敗れて精神に敗れない」人々（特にユグノー派の信仰者）の存在があった、というものです。

そして内村鑑三は、「デンマークの話は私どもに何を教えますか」と言って、次の三つを挙げています。

いわく第一に「敗戦必ずしも不幸にあらざること」、第二に「天然の無限の生産力」、そして第三に「信仰の実力」です。

ここで、「敗戦」を「病気」や「障害」に置き換えてみてもよいかもしれません。病気や障害は望むことではありませんが、決して不幸でもなければ失敗でもない。むしろこれらは、私たちの人生を新しい局面に導き、興《おこ》していくものである。そして、そこには「外に広がらんとするよりは内を開発すべき」と言われるような、無限に豊かな世界がある。何とかそう考えられたら、と思います。

＊

今日も多くの方々が、心の病気による生きづらさを抱えながら生きています。そのつらさは、現在進行形の日常的なもので、ある方にとっては将来のことどころか、今日明日のことさえ考える余裕もないようなものかもしれません。けれども、そこで少し深呼吸して、ユーモアをもって病気を眺めながら、今のほんの少しの一歩を踏み出すこと、それが大事なのではないかと思います。

内村鑑三によると、デンマルク国復興のリーダーであったダルガスは、戦争に敗れて祖国に絶望する人々を前にこう言います。

「我らは外に失いしものを内において取り返すことができる。」

〝メンヘルトーク〟では、七名中二名がスタッフで、いわゆる「当事者」ではない人たちでした。彼らにも敗戦があり、内なる荒地が残されています。病気があろうとなかろうと、それはだれでも同じです。

「鋤と鍬をもって残る領土の荒漠と戦い……」と内村鑑三の言葉は続きます。

交流風景

いろいろな個性がぶつかり合うと、その場が豊かになる。
引きこもりがちな方が一歩を踏み出すきっかけにも。

「知る」ということの本当の意味

先日ある学生から、論文作成のためにインタビューをさせてほしいと依頼がありました。テーマは、「施設コンフリクト」について、とのこと。

「施設コンフリクト」とは、簡単に言えば、福祉施設などを建設するときに、地域住民との間に起きる紛争、トラブルのことです。もっと広い意味でも使われることがあるようですが、おもには福祉施設建設時の反対運動などを言います。福祉関係では残念ながら昔からよく聞く話で、しかも精神障害関係の施設となるとなおさらです。

じつは、からしだね館も最初の建設計画のとき、住民の方々の激しい反対にあって、計画が頓挫したという苦い経験をしています。そんなこともあってか、どうやらその学生は、わざわざ当館に問い合わせてきたようでした。

当時のいきさつはどうだったか？　なぜ反対されたのか？　何が問題だったのか？

熱心に質問してくる学生に答えながら、私はあることに気づきました。それは、その当時私の心の中に渦巻いていた様々な感情や思いが、時間の経過とともにかなり変化してきているということです。

もう十年ほど昔になりますが、その当時、私の心の中にあったものは、反対する人々を責める気持ち、怒り、苛立ちでした。

どうして彼らは理解しようとしないのか。それは偏見、差別ではないのか、という義憤のようなものでした。

なぜ彼らは反対するのか。その時の私の理解は、一言でいって「無知」ということでした。というのは、地元の方々は決して福祉に理解がないわけではなく、こういう施設が必要であることに異論はないのです。けれども、自分の近くに施設ができることは拒否する。いわゆる「総論賛成各論反対」というやつで、それは結局、病気や障害に対する無知からくるのではないか、と私は考えました。

何度となく開催した説明会でも、建設自体に反対はしない、しかし、なぜわざわざこの町内なのか？とよく聞かれました。

逆に、どうしてここではだめなのですか？と問うと、こんな答えが返ってくるのでした。

「障害者は何をするかわからない。」

「何かあったら責任を取れるのか。」

「それは誤解です。統計を見ても、それは明白です」などと言っても、まったく受け付けてもらえません。

話し合いは、いつもそこでストップするのでした。

つまり、障害者に対する正しい理解がない。そのうえ、（当時から問題になってはいましたが）マスコミによる思慮のない犯罪報道。これも、人々の意識に大きな影響を与えていたでしょう。

犯罪報道に精神鑑定の話題や通院歴のことなどを加えれば、人はだれでも不安になり、精神障害者を拒絶します。精神障害者は怖い、となる。だからこそ、本当のことを知ってもらおう、と私は躍起になりました。

しかし、力めば力むほど、話し合いは空回りするばかりです。結局この最初の計画は失敗に終わりました。

その後、からしだね館は、場所を移した第二次計画によりスタートすることができました。おかげさまでこの七年間、ご近所とは良いお付き合いをいただいています。

こうした経験を通して私が悟ったのは、この場合の「知る」というのは、一般論としての障害者知識ではなく、あくまでも個人レベルでの、人と人とのつながりや、ふれあいのことを指すのだということでした。

実際、ある本に、日常的に障害者との個人的な付き合いがなされている地域では、それだけ彼らがコミュニティーに受容されている、という調査報告が紹介さ

れています。（石川信義『心病める人たち』岩波新書、二二二〜二二四頁）

知るということ。それも抽象的にではなく、個人的、具体的、日常的に。これが施設コンフリクト解消の大事なポイントではないか。

私は学生にそんな話をしたのでした。学生は良い話を聞いたと言って帰っていきました。

けれども、私は何かスッキリしません。どこか話がきれいすぎるのです。私はあらためて、これまでの七年間を振り返り、いろいろな出来事を思い出しました。

そして、つくづく実感したのは、知るということはまた、ますますわからなくなることだということです。知るということは、じつはわからないということを思い知っていくことでもあります。

そういう意味では、誤解を恐れずに言えば、やはり人はいつだって何をするかわからないものだし、怖い存在です。

それでも、受け入れていく。関心をもつ。迎え続ける。

それが、人を「知る」ということの本当の意味なのかもしれません。

作業風景

3・11以降、何か私たちにできることはないかと考えている。あるときは、応援メッセージ入りの巨大なちぎり絵を製作して福島へ送った。また、バザー出店用のグッズを作ったり、内職のようなこともしてきた。

とにかく忘れないこと。

被災地のためというよりも、何だか今は、むしろ自分たちのために。

大人《おとな》の支援

「スーツと煎餅はいつも職場に置いてある。」

新聞にこんな書き出しの記事が載っていました。何のことかと思って読んでみると、もう三十年以上も障害者施設で働いてきた方のことでした。

たとえば、コンビニで商品を並べ替える障害者がいて、店の方に迷惑がられている。あるいは、幼児の頭を撫でようとして痴漢と間違われる。

決して悪意からではないが、わかってもらえず、冷たい目で見られる。「だからぼくたちがあやまるんです。もうずっとずっとあやまっている」と、このベテラン職員は言います。

あやまりに行くのにジーパンではまずい。誠意を表すためにはそれなりの格好でないと。

というわけで、スーツと手土産の煎餅を常備しているという話です。

「彼らを守るためなら、なんべんだって土下座します」と、この方は力を込めて言います。それが利用者（障害者）を幸せにするのだ、と。

そして、このエピソードを紹介した記者は、最後にこう締めくくっていました。

「頭を下げることを恥じてはならない。障害者や家族を守り、相手の怒りを鎮めて理解を促す。プロの職員の『あやまる力』だ。」

（毎日新聞「余録」二〇一二年十一月二十六日）

障害の種類にもよると思いますが、おそらくこれは今日の障害者施設においては必ずしもめずらしい光景ではないでしょう。

こんなとき、熱心な職員であればあるほど、障害者の前面に出て世間の方々との仲介に奔走するのです。それがプロとしての仕事だというわけです。

その背景には、やはり社会の理解不足があります。いくら法律や条例をつくっても、だからといってすぐに人々の障害者理解が進むとか、差別がなくなるとかいうものではありません。

そのジレンマに立って、日々がんばっている人がいるというのは確かです。ある意味で、こうした日常の小さな出来事が積み重なって、少しずつ少しずつ社会の理解は進むのではないかと考えます。

けれども……と、もうひとつのことを、じつは私は考えてしまいます。はたして、このがんばりは、ほんとうに実を結ぶのだろうか、と。

というのは、人々の障害者理解がどんな内容のものになるのか、ということが気になるからです。

「なるほど、原因が障害や病気によるものだというのはわかりました。だとしても、迷惑は迷惑です。イヤなものはイヤ、困ることは困る。いくらあやまられてもねえ……。」

そんな、相手の方の心の声が聞こえてくるのです。それが、心の中の声として黙ったままましまっておかれたとしたら、これはかえって厄介なことにはならないだろうか。施設職員に土下座までされているのに、理解しない自分は悪い。周囲もそういう目で見ている……ということにならないだろうか。そんな心配です。

脳機能にトラブルがあって、読み書きの学習が困難になる「ディスクレシア」という障害があります。先日テレビで、この障害を抱えながら工務店を経営している方のことが紹介されていました。

認知度の低い障害で、この方は今まで怠け者などとさんざん誤解され、いじめられてきたことを涙ながらに語っておられました。私たちの施設にも、交通事故などで脳の機能に障害を負った方がおられます。これらは目に見えないだけに、なかなか周囲に理解されにくいのです。社会の責任は、やはり大きいと言わざるを得ません。

病気や障害に対する理解はとても大事です。けれども、その方がどんな存在として社会に認められて生きているのかということは、それ以上に大切なことです。プロの職員の「あやまる力」の陰で、もしも障害者本人のあやまる機会が奪われているとしたら、というのは心配のしすぎでしょうか。

障害や病気がある。あるいは人々の理解が十分でなく、差別や偏見がある。それ自体自分ではどうすることもできないけれど、その方が、人としてどう扱われ、生きようとしているか、というのは別の問題です。それはひと言で言うと「一人前」に生きる、ということかもしれません。

からしだね館では、これを「大人《おとな》の支援」と表現して、常に意識するようにしています。

今日「差別禁止」「障害者理解」という大義の陰で、かえって障害者が一人前に扱われるということが阻まれてしまうことがありはしないでしょうか。

そして、人としての（あるいは、大人としての）尊厳や誇りが蔑《ないがし》ろにされてしまうことがありはしないでしょうか。

湖西の雪景色

数年前、琵琶湖に憧れて、わが家は京都から移住した。
湖西（琵琶湖の西岸）は山が近く、雪もよく降る。
じつは、琵琶湖と、聖書にも出てくるガリラヤ湖とはいくつか共通点がある。
ガリラヤ湖はキレネット（琴）湖とも言われ、名前も形も琵琶湖に似ている。
緯度もほぼ同じ。ともに盆地の中に位置し、都に近く、流れ出る川も一本。

「たたかって」きた人の話を聞いて

新緑のころ、郊外の高齢者施設に、今年九十四歳になる一人の男性を訪ねました。

長く少年院の教官をしていたその方は、退職後、若者に聖書を贈呈する奉仕活動を続けたあと、様々な経過があって、今から二十年ほど前にその施設に入居されたとのことでした。少年院で出会った若者たちとの交流が今でも続いている、とうれしそうに話しておられました。

暴力団の組員の家で育ったある青年が、教官だったこの方との交流を通して立派に更生していく話は、こちらも聞いていて胸が熱くなりました。

話に登場した青年は、子どものころ、ヤクザの父と二人で暮らしていたのですが、ある日その父親が重い病気にかかった。お金もなく、近所の医者に助けを求めたが、父がヤクザと知ると受診を断られ、結局父は亡くなってしまったそうです。その経験をバネにして、彼は苦学して医者になったという話でした。

少年院での出会いですから、その青年が医者を目指そうとするまでには様々な挫折があったのでしょう。人生はかなしいものだ、そしてたたかいだよ、と年老いた信仰の先輩は、しきりにおっしゃっていました。

その方自身にも、長い人生の道のりですから、様々なことがあったに違いありません。人生の不条理や絶望も幾度となく経験されたことでしょう。そして穏やかに暮らしている今でも、人生の「たたかい」は続いているとおっしゃる——それは、心の底の深いところで発せられた〝呻《うめ》き〟のように私には聞こえました。

人生はかなしいもの、そしてたたかいの連続だ。でも、信仰が与えられているとは何と幸いなことか、というこの方の言葉は、ずっしりと私の胸に響きました。

信仰の道は、決して平坦でもなく、いつも喜びに満ちたものでもない。むしろ、

「かなしい」とはっきりと言い切られた言葉には、重いものがありました。

しかしまた、だからこそ、イエス・キリストについて行く信仰の道はすばらしいというのです。

今の時代「たたかう」ということに、私たちは何か冷めた目を向けがちなのではないかと思います。そうでなくても、これだけ厳しいストレス社会です。生きているだけで十分「たたかい」でしょう。

もうよいではないか。これ以上たたかわなくてもよい。がんばる必要はない。そんな声が聞こえてきます。

特に福祉の世界では、時に「がんばる」という言葉がある種タブーであったりさえします。そうなのでしょうか？

＊

先日新聞に、格差社会の問題を取り上げた社会部の記者が、一つの記事を書いていました。ある母子家庭の話です。

野球選手を目指している男の子がいて、推薦で私立の名門校に行ったが、お金が続かず退学した。あらためて定時制高校を受験したが、学力不足で不合格。やむなく通信制高校に籍を置いたが、なじめず退学。結論として、これは格差社会のひとつの問題であるというのです。定時制高校は、このような生徒のためにあるはずではないか、なぜ排除するのかといった論調でした。

読んでいて、何とも言えない違和感を覚えました。

試験に落ちたのは、ただその子の学力が足りなかっただけではないか。

たしかに、家庭の経済力が子どもの学力に影響するという調査があるようです。それを「格差」と言うならそうかもしれません。けれども、人間はこうした不公平や不条理のもとに生まれ、生きていかなければならない、そういう存在なのです。

社会としては、格差をなくす取り組みは必要かもしれませんが、人間の生き方としては、不公平や不条理を嘆いたり、そこから逃れようとすることに時間を費やしたりするのか、あるいはそれらとがっぷり組み合って、内側にある自らとたたかう道を選ぶのか。それで人生は貧しくもなるし、豊かにもなると思うのです。神は、薄っぺらな格差の論議ではなく、私たちが格差だらけの人生をどう豊かに生きぬくのかに注目し期待しておられるように思います。

＊

それにしても、年を重ねてこられた方の言葉は、しみじみと心に響くものです。長く信仰者として生きてこられた先輩の口から、人生はかなしく、たたかいの連続だという言葉を聞いたとき、私はなぜか安心してしまいました。

そうなんだ、それでいいんだ、と。主イエスのご生涯もそうでした。

この男性の部屋に、自作のこんな歌が飾ってありました。

「生くことも死にゆくことも楽しけれ神にゆだねしこの身なりせば」

湖風館《こふう》

一般社団法人キリスト者協働の家により、2012年5月、滋賀県大津市に設立されたハウスシェアリング型の共同住居。

年老いて何らかの援助が必要になっても、最後まで信仰者らしい暮らし方をと願う方々を支援する。若い人が共に住んでもよい。

障害者施設（からしだね館）との協働の仕組みを取り入れ、さらに教会やボランティアによる幅広い協力を得て運営されている。

http://kofukan88.exblog.jp/

感謝の〝おこぼれ〟

ミッション系の幼稚園に子どもさんが通っているという方に、こんな話を聞いたことがあります。

子どもがいつも食前に、「神さま、ありがとう」と祈る。それは良いことだし間違いないのだが、少しは親にも感謝してほしい、と。半分冗談のような、かといってどこか笑えない話ではありました。

「ありがとう」のひと言がないとか、そのひと言で救われたとかいったこともよく聞きます。

思えばこの世で一番難しく、かつ厄介な言葉、それはもしかしたら「ありがとう」なのかもしれません。

だれでも「ありがとう」と言わなければならないことがありますし、また言われる立場にもなります。

あなたにとって一番美しい言葉は？　と聞かれたときに、「ありがとう」はおそらくトップ3に入るでしょう。同時に一番難しい言葉は？　でもたぶんかなり上位に入ると思います。

「ありがとう」は、言うまでもなく感謝の言葉ですが、この言葉をめぐって、人は互いに様々な思いを交換します。そしてそのやりとりの中では、人の生き方の一面がむき出しになってくることさえあるように思います。

高齢になった家族の面倒をみるというのは、今やどこでもある風景になりました。世話をされるお年寄りが「ありがとう」と言う。「そんなこと言わなくていいよ」と介護者は答える。これで両者の気持ちは十分通じ合っています。

しかし、こんなふうにいかない場合も少なくありません。介護が負担になると愚痴も出たりします。それこそ「ひと言がない」と言いたくもなる。

いっぽう、お年寄りのほうはといえば、お世話されるのは当たり前とは思わないけれど、感謝は請求されるものではない、と考えます。

いつだったか、車いすの方がヘルパーさんといっしょに、からしだね館のカフェに来店され、そこでちょっと驚いたことがありました。

ご本人はもちろん、注文のお食事を召しあがっていたのですが、見るとその横でヘルパーさんが持参のお弁当を広げておられたのです。

スタッフがおそるおそる声をかけると、いわく、自分たち障害者はハンディがある。そのハンディを埋めるのは社会の責任である。ということで、つまり障害者にとってヘルパーは道具であって、道具のする食事は持ち込みには当たらないといった、どうもそんな理屈のようでした。

持ち込みの話がそれに当たるのかどうかはわかりませんが、そういう意味での「バリアフリー」は、たしかに社会の責任と言えば、そのとおりです。

障害ゆえに他人や社会のヘルプを受けるのは、決して申しわけないことでも何でもありません。けれども、当たり前とも言えません。つまり、受け手が受けて当然と思ったときに、与え手にとって、それは与えて当然ではなくなるのです。

＊

ある高齢の女性のことを書きます。今年八十七歳になるこの方は、このたび私たちが開設した高齢のクリスチャンのための共同住居の第一号入居者です。身の回りのことはほとんど自立していますが、やはり要所で見守りや手助けが必要で、何かあるたびに「へぇ、おおきに」と、ほんわかとした京言葉で礼を言われます。

かつてはご家族の介護もし、仕事もどんどんやってこられたが、しかし今はこうしてご自分が人の助けを受けながら生活せざるを得なくなっている。とはいえ、ことさらに「ありがとう」を言い過ぎず、かといって礼を失することもない。その自然な居住まいはどこか潔く、周囲をあたたかくさせるものがあります。それはいったい何なのだろうと考えるのです。

それは、もしかしたら、人が老いをどう受け入れているか、ということなのかもしれません。年とともに、できる自分からできない自分へと変わっていく。ちょうど玉ねぎの皮がむかれるように、様々なものを手放し、裸になっていく。ゆるされている自分。生かされている自分。

そんな自分をそのままたんたんと受け入れていくとき、人は自分が何か大きなあたたかなものにおおわれ、支えられていることに気づきます。

それがときどき、気負いのない感謝の言葉として内側からあふれ出てくるのではないでしょうか。

「へぇ、おおきに」といった感じで。

周囲の人たちは、これがいわば神への感謝の〝おこぼれ〟だからこそ、過不足なく受けることができます。逆に〝おこぼれ〟をいただける立場に置いてもらったことに、感謝と喜びがわいてくるのです。

「ありがとう」という言葉は、すべて〝おこぼれ〟である。

そう言ってもよいのではないでしょうか。

広い空に向かってジャンプ！
晴れてもよし、降ってもよし。曇っても風が吹いてもよし。

「わからなければならない」のだろうか？

四年前の夏の終わり、突然次男の高校から電話がありました。

「○○君がここ三日ほど登校していませんが……。」

のんきな話で、私は、次男がまだ夏休み中だと思っていました。たまたま妻も出張中だったのでだれも気づかず、本人も黙っているので、まさに寝耳に水でした。

すぐに次男に問いただすと、やはり学校に行っていないらしく、理由を聞いてもはっきりしません。

明日は必ず行くんだぞ——とりあえずそう言って、その日は終わったのですが、結局それから何日も同じような状態で、彼はいつまでも学校へ行こうとしません。学校で、何か難しいトラブルでもあったのだろうか？　いじめか？　それとも勉強についていけないのか？

しかし、どうもそのいずれでもないようでした。

親も学校もあれこれ考え、原因を探るのですが、さっぱりわかりません。何をきいても彼は黙ったまま答えず、むしろどこか意志めいたものさえ感じます。かといって何か行動を起こすでもなく、親である私たちは苛立ちを覚えるばかりでした。

十五歳といえば多感なころだ。こういうことだってあっていい。私は自分の十代のころを思い出して、あえてものわかりの良い親であろうとしました。

しかし、心は悶々としていつまでも晴れません。結局、彼はその後一度も登校することなく、そのまま高校一年をもって退学してしまいました。

彼の中で何があったのか？　どうしてなのか？　これは、じつは彼自身にも説明できないことだったのではないか。

そして「十五歳の悩み」は、おそらく本人にも親にも「わかる」ことをされずに、これからもずっと彼の心の中に残っていくのだろう。私は、そんなことを考えました。

＊

最近、「わかってくれない」と、周囲を責める言葉をひんぱんに耳にするようになった気がします。そう言われると、親も教師も支援者もわかろうと一生懸命になります。

わからない自分が悪い、わからない自分は能力がない、わからない自分は愛情が足りないと、自分を責めます。

また、「病気の苦しさは、経験した者でなければわからない」とか、「自分も同じ障害をもっているので、そのつらさはよくわかります」などとよく言われます。たしかにそうかもしれません。それで、福祉の世界ではときどき、同じ障害や課題をもつ者が、仲間（ピア）としてお互いを支援するということが行われています。「ピアサポート」と言ったりしますが、それだけ「仲間」であることの力は大きいということでしょう。

からしだね館でも、スタッフの及ばないところで、利用者どうしの「支援」がけっこう効果的に行われているのを見ることがあります。

問題になかなか向き合おうとしないある利用者（Aさん）に対し、別の利用者（Bさん）が「それは逃げだと思う」とズバッと言ったりしますと、同じ言葉でもスタッフのそれより格段に力があったりします。

ただそれは、実際にBさんがAさんのことをわかっているからではなく、Bさんも当事者であるという事実がもつある種の説得力であって、もしかすると同じ障害を持っているからこそ、個々の深い苦しみの部分がかえって理解しづらいということがあるかもしれません。

またふつう、ワーカーは良い支援をするために、当事者を理解しようとします。そして、当事者も理解されることを望みます。「わかる」ことは良い支援の前提であり必要だ、というわけです。

しかし、「あのワーカーはよくわかってくれる」などと言われたときが一番危険で、じつは当事者の喜びそうな言葉を選んで返し、面倒なことを避けようとしていることが多かったりするのです。

そう考えると、そもそも支援とは、相手のことが「わからない」ことを前提に、「わからない」もどかしさにじっと耐えるところから始まるのではないかと思います。「わからない」ことはまた、他者の悩みや問題を自分が代わって背負おうとする誘惑と傲慢から私たちを守ってくれるものでもあります。

*

次男は、紆余曲折《うよきょくせつ》を経て、今は大学生になりました。

彼が目指したのは仙台の大学で、合格の喜びにひたったった二日後に、あの東日本大震災が起こりました。そして、彼はその大学に入学するためにひとりで被災地へと旅立って行きました。

次男にとって、あの時の学校とは何だったのか。彼の内面に何が起こり、どう変わっていったのか。もう少し先のことだとは思いますが、いつかゆっくり聞いてみたいような気もします。

湖畔にて

人の弱さ、小ささとは？

もう十年近く前になるでしょうか、からしだね館の開設準備をしていたころ、朗読のチャリティＣＤを制作したことがありました。

ＣＤのタイトルは、ギリシャ語で、「視点を変える」とか「悔い改め」といった意味にあたる「メタノイア」とし、さらにこんなコピーも付け加えました。

「弱く小さくあることに丁寧に付き合っていきたい。」

その思いは、とにかく障害や病気のゆえに〝弱く小さく〟されている人々のために、キリスト者として支援の手を差し伸べたい、というものでした。
いわゆる社会的に弱いとされる人々、その存在が蔑《ないがし》ろにされがちな人々に関わるなかで、支援する立場の者たち自身も彼らから学んでいこうという気持ちです。さらに支援者自身が、自らのうちにある弱さや欠けに目を向け、そこから様々なことを学んでいこうということでもありました。

経済や社会がいろいろな意味でグローバル化した今の時代。弱いことより強いこと、できないことよりもできること、そして速くて効率的であること、それらが善であるとされ、常に「結果」が求められるという風潮のなかで、むしろ「弱く小さくあること」というのは、視点を変えるとき、別の意味で価値と意味を持つのだということを実践の中で確かめていきたい、というのが当時の考えでした。

やがて準備期間も終わり、からしだね館はスタートしました。
あれから六年。いまもう一度、その「弱く小さくあること」の意味を考えてみたいと思っています。

というのは、この数年間の働きの中で、「弱く小さくあること」にはいろいろなとらえ方があると知ったからです。少なくともそれは、障害や病気を持つことは決してイコールではありません。

病気や障害は、たしかにある意味の弱さであるかもしれません。けれども、それはあくまでも、私たちが目を留めるべき弱さ、小ささへの入り口にすぎないようです。

逆に、そこから目をそらすときに、障害や病気は、厄介な「強さ」に変質してしまう危険性さえあります。その意味では、いわゆる健常者とて、弱さを持つのは同じです。

病気や障害がないからといって、人は強いわけでも大きいわけでもまったくなく、むしろ私たちは、生きれば生きるほど、自分がいかに弱く小さいものであるかを思い知るのではないでしょうか。

＊

Aさんという四十代の女性利用者のことを思い出します。彼女は自責感が強く、ことあるごとに自分を悪者にします。立派に仕事をしているのに、いつも「私が要らなくなったらいつでも言ってください」「私のせいで○○さんに迷惑をかけている」と自分を責め、追いつめるのです。

あるとき、何かがあったのか、ついに足が止まりました。来られなくなったのです。

さすがに私たちも心配しました。働くことが彼女の支えになっているのは明らかでしたから。

しばらくしてAさんは、自分にはやはり働くことが必要なんだ、と思い直して仕事に戻ることになりました。

それでもあいかわらず、自分は人に迷惑をかける存在だと思い続けています。そうしてAさんは、〝厄介な〟自分と付き合いながら日々を過ごしておられます。

弱く、小さな自分は、迷惑な自分であり、もしかしたらいないほうがいいかもしれない自分である。そんなふうに走ってしまう自分の思いを何とか引きとどめながら、Aさんは今日も働いています。

一つの苦い思い出があります。からしだね館開設から間もないころ、ある職員が、考え方の相違があったのか、去って行きました。「あなたがたは強いから」、たしかそんな意味のことを言われました。

そうか、私たちは強いのか。そう思うばかりで何の実感もなく、あいかわらず厳しい中を何とか施設運営が軌道に乗るようにと、無我夢中の日々を過ごしたのでした。

いったい人の弱さ、小ささとは何なのでしょうか？　それに私たちが丁寧に付き合っていくのだとしたら、それにどんな意味があるのでしょうか？

弱く、小さくあること。

それは、等身大の自分と正面から丁寧に向き合うことそのものかもしれません。時にはモタモタしながら、時にはぶざまな格好で。かなしくて泣きたくなるような姿であっても、あえてその場に立ち続けるようなことかもしれません。

イエス・キリストは、「最も小さい者たち」をご自身に重ねて表現されました。それはつまり、私たち自身が自らの中にある弱さ、小ささにきちんと目を向けるべきことをも指しているのではないかと考えるのです。

「たまたま」への応答

招待状や案内状を送ったのに返事がない。締め切りはとっくに過ぎているし、返信葉書まで入れているのに、どういうことなんだろう……？　このような経験は、どなたでもお持ちではないでしょうか。私にもあります。

ところが立場をかえれば、自分自身もその相手のようであったことに思い当たるのです。もちろん悪意があるわけでなく、気になりつつも、何かの事情でグズグズしているうちに、結局そのまま放置してしまった、というようなことです。

私たちは特別に興味や関心がないことには、案外平気でこのようなことをやっているのかもしれません。

「心ここにあらず」で、だれからも何も言われないので、意識しないまま、すっかり忘れてしまっていることだってあるかもしれません。

反対に「心ここにある」とき、私たちの反応はとても敏速です。

こんな話を聞きました。クリスチャンである方が、会社の社長として、式典の招待状を所属教団の本部へ出したところ、その返事が、出した社長本人宛ではなく、彼の所属する教会の牧師宛に送られてきたというのです。

その方は苦笑いしながら「返信があっただけでもましかもしれない」とおっしゃっていました。ちょっと驚きますが、教団という組織の中ではあながちあり得ない話でもないな、と思った次第です。

なぜこんな話をしたかと言いますと、私たちは日常の雑々とした暮らしの中で、じつはひんぱんに神からの招待状や案内状を受け取っているのではないか、と思ったからです。

大量の郵便物にまぎれて、そのまま放置して忘れ去る、あるいは見つけ出したとしても、中身をよく確かめもせず、とんちんかんな相手に返信をしている。

もしそんなことを繰り返しているとしたら、私たちの人生はどうなってしまうのでしょうか。

おそらく「どうなりもしない」のでしょう。あいかわらず忙しく、日常の雑多なことに追われながら終わっていくのでしょう。だれも何も言いません。ならば、それはそれでいいのかもしれません。

からしだね館が働きを始めたいきさつを聞かれることがよくあります。転機になるような大きな出来事や、きっかけとなった心打つエピソードを期待されているようで、一応それなりの説明をするのですが、どうもしっくりしません。言ってしまえば、すべては「たまたま」の連続であって、人間である私の目からは偶然に見える一つ一つのことが絡まり合って、漠然としたビジョンが与えられ、事が始まり、出来上がっていったというのが実感です。

藤木正三牧師の著書に、こんな一節があります。

「『たまたま』を受け止める、『たまたま』を大切にする、そういう『受け止めて、潔く生きる』生き方を、共にいます神は、共にいますゆえに、お求めになるのです。」（『真っ直ぐに創造を信じる』復活之キリスト穂高教会発行、九四頁）

私たちの人生の「たまたま」は、じつは神と出会っている場所であり、イエス・キリストが弟子たちに「その家にとどまれ」と言われたことの意味はまさにそれだ、と藤木牧師は言います。

私たちは、自分の人生の全貌も世界の行く末も知りません。ただ、日々の「たまたま」にこたえていくのみです。

神からの「たまたま」という案内状は、色鮮やかに目をひくダイレクトメールや分厚い事務書類の入った封筒の束の中に、ひっそりとまぎれています。それをちゃんと取り出して、目を通して、宛先を間違えないように、期日までに返信する。

そうやって律儀に「たまたま」に「こたえる」ことを通して、私たちの仕事や生活がつくられていく。その総計が人生だ、というわけです。であればこそ、私たちにとって「こたえる」ということは厳粛です。

＊

十年以上壮絶なひきこもり生活を続けていた青年が、からしだね館にやって来ました。

厳しい家庭事情やいじめを経験し、病気を発症。就職活動も不戦敗。そんな彼が、「たまたま」知った就労訓練の場所を足がかりにして、小さな一歩を踏み出したのです。彼は毎日、任された仕事を黙々として帰って行きます。

たったひとりそんな青年がいて、後方から「がんばれ、がんばれ」とひそかに応援している自分がいる。それだけで、もう私は、神さまの「たまたま」にこたえてきて本当に良かったとうれしくなるのです。

福祉の仕事をしていてつくづく思うのは、私たちは「こたえる」ということを、もっと意識して生きるべきだということです。

愛犬

出会いとは、何とも不思議なものだ。
それは、何億光年という時空を超えた今の出来事。
その連続を、日常というのだろうか。

ある大学生の話

私の知り合いに、A君という大学生がいます。

先の見えない三・一一の原発事故の処理、混迷する経済、悪化する近隣諸国との関係――A君はこの国の行方を憂えています。

わけても、「強い日本を取り戻す」を旗印に憲法を変えてしまおうとする最近の動きが気になると言います。

また、自分はこれからどう生きていけばよいのか、真剣に悩んでいます。そんな中で彼は、新渡戸稲造や内村鑑三など、日本の教育史に影響を与えたキリスト者の生き方に関心をもち、最近、教会へ通い始めたのだそうです。

さて、参議院議員選挙でまたしても自民党が圧勝した翌週、A君の通う教会の青年会では、「困難な時代を生きるための希望」と題した集会が開かれたそうです。戦争体験者の話を聞き、戦時中の教会とキリスト者の置かれた状況を学ぶ興味深い集まりだったとA君は言いました。

わずか七十年前の日本で、キリスト者というだけで「非国民」とののしられ、場合によっては投獄され、中には獄死した人もあったのだという事実を初めて知った学生もいたそうです。

「A君は、そこに参加して、どんなことを感じたの?」

と、私は期待を込めて聞きました。

すると、彼はやや困ったような顔をして、それから申しわけなさそうにこう言うのです。

「少し、がっかりしました。」

「どうして?」と聞くと、A君はこう言います。

「最後に参加者が一言ずつ感想を話したのですが、それがいま一つぼくには響いてこなかったんです。」

「たとえばどんな感想?」

「そうですね。これからの日本は、いよいよキリスト教会にとって厳しい時代になっていくと実感した。そんな時代に、信仰を守って生きていくのはほんとうに厳しく、つらいだろう。しかし、神さまは必ず最善をなしてくださると信じて、希望をもって生きていきたい。ざっとそんな感じですね。

でもそれって、その日の集会のテーマを文章にしただけなんですよ。ほとんどみんな同じようなことを言うんです。ときどき感情が込み上げてくる人もいましたね。ぼくはちょっとしらけてしまって、順番が回ってきたとき、皮肉をこめて言っちゃいました。『あんまり考えないで物事を楽観視するのは簡単ですが、悲観視するのもまた同じくらい簡単なことなんだなあ、とみなさんの感想を聞いていて思いました』って。」

私は思わず苦笑しました。

「教会の人は、みんな真面目でいい人たちなんだけど、なんで信仰がらみの話になると、急に悲劇のヒロインみたいになって思考停止に陥ってしまうんでしょうか。『どんな迫害の時代がやってきたとしても、神さまを信じてお任せすれば希望が湧いてくる』って。何だか変に悟っちゃうんですね。

おいおい、そんなに簡単にあきらめて神さまにお任せしちゃうのかよ。その前に、たとえ微力でも自分に何かできることはないか、もっと悩めよ、って思うんです。

ぼくはクリスチャンではないですけど、クリスチャンが信仰の自由を奪われるような社会は、だれにとっても嫌だと思いますし、今回の選挙で、一歩そんな世の中に近づいてしまったと思っています。そういう現実は現実として、じゃあそんな流れをくい止めて、良い方向に引き戻すために、自分にできることは何だろうってどうして考えようとしないのかなあ。だって、今ならまだ十分間に合うじゃないですか。

新渡戸や内村なんかを勉強してると、なんかパワーを感じるんですよ。彼らを突き動かして世の中を変えていったパワーを。それが神さまなのかなって、そう思うんです。神さま自ら、ガッとすごい力を働かせて直接やっちゃうんじゃなくて。ほんとうはそのほうが簡単なんだろうけど、そこをあえて人間にやらせたいんじゃないかなあ。」

私はA君の話を聞きながら、いつかきっと、彼が「ぼくはクリスチャンなんですが」と前置きして、自分の将来の夢を目を輝かせて語ってくれる日が来るのではないかと思いました。

福祉の根底を支えるのは、自由にものが言える平和な社会です。キリスト者として福祉に携わる私たちは、専門職としての知識や技術を高めていく努力をすることはもちろんですが、同時に、戦争のない平和な社会をつくっていくためにどれだけのことをやっているだろうか？　と考えてしまうのです。それはまた、教会にも問われていることです。

主イエスは「平和をつくる者は幸いです」と言われました。この「つくる」には、私たちが考える以上に、もっと積極的で具体的な意味があるように思います。

虹

晩秋から初冬にかけて、湖西ではよく虹が出る。
「わたしは雲の中に、わたしの虹を立てる。
それはわたしと地との間の
契約のしるしとなる。」(創世記9：13)
こんな自然の演出を考えられる神とは、いったいどんなお方なのだろう。

親であるというかなしさ

調子を崩してしまった息子さんを、初めて緊急入院させたというお母さん（Aさん）の話を聞きました。

今年三十歳になるその息子さんは、中学のころ不登校になり、高校は通信制で何とか卒業したものの、やがて心の病気にかかってしまいました。

穏やかでまじめな性格の彼は、いくつかの理解ある職場を見つけてがんばってきたのですが、それもなかなかうまくいかず、最近は電気店を経営する父親を手伝っていたそうです。

ところが何があったのか、彼は突然調子を崩してしまいました。ときどき死にたいと口走るようになり、自分で自分を制御できないことに怯えているようだったといいます。

そしてある晩、とうとう家から飛び出して行きそうになったので、すぐに病院に連絡しました。受話器を置いたところで、息子さんがボソッと「行こう、病院」と言ったそうです。

父親の運転する車の後部座席に母親といっしょに座り、彼は黙って病院へ向かいました。母親に手を握られた息子さんは、暗い窓の外を見ながら、ひと言、「くそっ!」と言って、ガラスをこぶしできつく叩いたそうです。

しばらくは面会謝絶だけど、これで少し落ち着いて、またゆっくり回復していってくれたら、とAさんは涙をぬぐいながら話されました。

遠くの土地で入院生活を送る息子さんを、十数年ぶりに連れて帰って来たというあるお父さん（Bさん）の話です。

大学一年で心の病を発症した息子さんは、家庭内暴力を繰り返すなど様々な経過を経て、二十代の終わり、ひとりで親元を出て行きました。ある程度、物理的な距離をとったほうがお互いのためにもいいだろうというご両親の判断もあったようです。

移り住んだ町の空気や仲間たちにもうまく馴染めたようで、彼の最初の数年は、それなりに落ち着いた充実したものでした。

けれども、かれこれ四十歳になるここ数年の調子は思わしくなく、長期の入院を余儀なくされていました。Bさんは悩んでおられました。自分たちは息子を見放してきたのではないか、という自責の念です。

迷いに迷った末、Bさんは息子さんを連れて帰ることにしました。妄想に苦しんでいる息子さんを、だましだまし飛行機に乗せ、地元の病院へ直行したそうです。

「息子は、まだ閉鎖病棟で拘束されることがあるんです。本当にこれで良かったのか。積み重ねてきた親としての判断は間違っていたのではないか。それが息子を不幸にしたのではないか。」

そう言いながら、Bさんは長いため息をつきました。

退院する娘さんを病院まで迎えに行かれたというCさん夫妻。親子ともども、どんなにこの日を待ちわびていたことでしょうか。両親に付き添われて、娘さんは病院の玄関を出ようとしました。

ところが、敷居をまたごうとする足が宙に浮いたまま、なかなか前に進みません。ためらうように出たり入ったりするその足が、病院の敷居の先に着地するのを、Cさんご夫妻は祈るようにして見ていたとのことでした。

＊

それにしても、いったい親というのは、こんなにもかなしいものかと思います。親たち自身も重い荷を負いながら、それでも息子、娘のことが常に頭から離れません。

何をしたらよいのか、してはいけないのか。あれは良かったのか悪かったのか。

悶々としながら、時には自らを激しく責めるのです。それでも答えはありません。「かなしい」とは「愛しい」とも書くそうですが、愛する者がこうした苦しみの中にいるとき、そしてその前に無力なままでいるしかないとき、私たちはこれをどう理解したらよいのでしょうか。

昔、娘がまだ幼稚園に通っていたころ、夜中に目を覚まして、私の寝室にやって来たことがありました。

「お父さんとお母さんがいなくなってしまうような気がする……。」

そう言って泣きじゃくる娘の小さな体を抱きしめながら、私は「だいじょうぶ、だいじょうぶ」と、まるで自分に言い聞かせるように繰り返していました。不思議な寂しさとともに。柔らかな頬のぬくもり。甘酸っぱい髪の匂い。娘は間違いなく今、私のこの腕の中にいる。にもかかわらず、娘と私の間には越えることのできない隔たりがあるのです。

根拠のない「だいじょうぶ」を繰り返しながら、私はただ娘を抱きしめるしかありませんでした。

あのとき、娘もまた、たとえ親が親であったとしても、娘自身の人生に対してはほとんど力のない存在であることを、すでに知っていたのかもしれません。「神さま……」と、天を仰ぐしかない私。それでも、親は親なのです。

夕照館《せきしょう》

湖風館と同じくキリスト者協働の家による共同住居。最寄駅から徒歩３分。湖風館からも近い。住居としてだけでなく、集会場、宿泊所としても使われている。

自死について

「私たちは、神の中に生き、動き、また存在しているのです。」
（新約聖書・使徒の働き一七章二八節）

予期しなかった人の突然の訃報に言葉を失うことがあります。

それが身近な人で、しかも自死であれば、その衝撃はなおさらです。驚きともかなしみとも虚しさとも、あるいは何者かに対する怒りのようなものさえ混じって、何とも言い難い重苦しいものが内側から込み上げてくるのです。私も、今までに何度かそういう経験をしてきました。

先日、長く連絡のなかったある方から久しぶりに手紙をいただきました。私どもの施設のニューズレターが届いたという礼状です。

その文の終わりほどに、数か月前、娘さんが三十歳で自死されたことがそっと書き添えられていました。私はたいへん驚きました。

二十何年か前、まだ小学校の一、二年生くらいだったでしょうか、お母さんの周りを飛び跳ねるようにして元気に遊んでいた愛らしい娘さんの姿が思い出され、心が痛みました。

娘さんは数年前に結婚し、ご主人に愛され、友人もたくさんおられたそうです。近くに住む自分たち家族も彼女を大事にしていた、そんな娘に何があったのか。何日たっても、何か月過ぎても、残された者の心はいよいよおさまることがない、というのです。

「もって生まれたもの、生い立ち、出会い、偶然、いくら考えてもいくら悩んでも、すべてを抱えているのは本人です。でも精いっぱい生きた寿命です。今はそんなふうに思えます。

私も寿命まで精いっぱい生きます。驚かせてすみませんでした。元気にしていますのでご心配なく。」

突然娘を失った、母親であるその方は、自らに言い聞かせるように、最後にそう綴っておられました。

＊

Aさん（クリスチャン、五十代、女性）は、今から三十年ほど前にお母さんを亡くされました。それが自死であったことは、結局Aさんのご主人と叔父さん夫婦以外のだれにも、牧師にさえ言えなかったそうです。

お母さんは、早くにご主人（つまりAさんの父）を亡くし、いくつものパートをかけ持ちしながら、女手一つで一人娘のAさんを育てあげました。Aさんの記憶の中には、しばしば幼い自分を抱いたまま、「神さま……」とつぶやいていたお母さんの姿が残っています。

そんな母が、いったいどこへ行ってしまったのか？　神さまは母を捨て去られたのだろうか？

「自殺したということは言わないほうがよい。クリスチャンが自殺したなんて、キリスト教には救いがないと思われてしまうから。」

クリスチャンでもある叔父さんのそんな言葉が、さらにAさんを絶望へと追いやるのでした。

かなしみに泣き疲れて、途方に暮れていたそんなとき、Aさんは、ふと「それでもわたしを信じるか？」という細く小さな声を聞いた気がしたそうです。そして、あらためて、お母さんの人生を思い出してみました。

朝から晩まで仕事仕事で、日曜日もろくに礼拝に出られなかった母。たまに行っても、教会堂の隅っこに申しわけなさそうに座って居眠りしていた母。決して人からほめられるような信者ではなかったけれど、それでも母は最後まで一生懸命に神さまを信じて生きていたのだ。Aさんはそう思ったそうです。

そして、思わず座り直して天を仰ぎました。

「あなたが母を捨てたのだとして、なぜそんなひどいことをされたのか私にはわかりません。それでも私は、あなたを信じて生きます。母がそうしたように。」

その後、しばらくたったある夜、Ａさんはこんな夢を見ました。

「子どものころ暮らしていたアパートで母の帰りを持っていると、やがて母がバイクで帰って来ました。バイクを降りて、母はにっこり笑ってこう言うのです。天国はねえ、それはいいところだよって。私はほんとうにうれしくなって、良かったね、お母さん、良かったねって言いながら泣いていました。」


自死は、残された者に、亡くなった人のそれよりも大きな苦しみを残します。なぜ自殺してはいけないのか？と問われれば、私は「あなたを大事に思っている人がいるかぎり、その人のためにどんなに苦しくても生き続けなければいけない」と答えます。

あなたがこの世に生きていてくれる、それだけでありがたいと思っている人にとって、あなたを失うということはどれほどの痛みでしょうか。あなたは、どんなに苦しくつらくても、あなた自身のためではなく、その人のために生きなければばなりません。そう、私は思います。

しかし、その一方で、どうしようもなく追いつめられて亡くなった人のことも思うのです。その死をどう受け止めればよいのでしょうか？

残された者は、どんなに考えても、亡くなった人の思いを知ることはできません。そして、わからないということに苦しみます。激しい後悔に悩み、自分を責めます。けれども、過ぎ去った時間は二度と戻りません。たとえ巻き戻すことができたとしても、結局は、同じことを繰り返すだけでしょう。

お母さんを亡くしたAさんはこう言われました。

「夢で母と会ったのは、もちろん夢でしかありません。けれども、その夢を見せてくださったのは神さまで、私は、あの夢は神さまからのお答えだったんだと受け止めました。そう思うと、神さまはなんて優しい方だろうと。私が一番苦しんでいるところにそっと手を触れて、母のことは心配いらないよ、と応えてくださったのです。自ら命を絶ったその時でさえ、母はひとりではなかった。神さまは母を捨てたりはされなかったのだと思います。」

愛する者の自死に私たちの胸が引き裂かれるのは、たったひとりぼっちで死んでいった、その姿を思うからです。娘さんを亡くしたお母さんがそうでした。

しかし、聖書にはこうあります。

「二羽の雀は一アサリオンで売っているでしょう。しかし、そんな雀の一羽でも、あなたがたの父のお許しなしには地に落ちることはありません。」

(新約聖書・マタイの福音書一〇章二九節)

たとえ人間が追いつめられて、自らの命を絶つという行為に走ったとしても、「父のお許しなしには」それはなし得ないのです。

私たちは、思い違いをしてはいけないと思います。すべてのいのちは神の御手の中にあります。

自死というかなしい出来事のただ中にも、神はいてくださる。その人の最後の苦しみ、悩みをいっしょに背負い、生きることに耐え切れなかったその人の弱さを理解してくださる。Ａさんの話を聞いて、私はそう思いました。

神のあたたかな御手はまた、残された者たちをも根底から支えています。

それを信じて生きていくときに、亡くなった人の人生から見えてくるものがあり、残された者たちがよりよく生きていく、その道が見えてくるような気がします。

I Have a Dream

ある高齢者福祉施設の理事長をなさっているAさんの話です。

四十年前、サラリーマンを辞めて、郊外の町にキリスト教主義の老人ホームを建てられました。

「教会は社会とのつながりをもって伝道しなければならない」との当時の牧師さんの言葉に触発されたのだそうです。苦労もあったが、多くの方々の祈りと協力に支えられたとAさんは振り返ります。ただ、残念でかなしかったこともあったと、こんな話をされました。

会社を辞めて、いよいよ本格的に準備にとりかかったころ、牧師と相談のうえ、教会に準備室を置かせてもらおうと、会員宛てに挨拶状を出したところ、二、三週間、だれからも反応がなかった。やがて役員会が開かれたが、反対多数で否決されてしまった。しかも、構想の段階では賛同し、励ましてくれた方々が強力に反対されたので、これがとてもショックだった、と。あまりの悔しさに、泣きながら家に帰ったそうです。ただ、結果的にはむしろそれで良かった、それにもうずいぶん昔の話です、とAさんは半分笑っておられました。

聞きながら、何となくありそうな話だと私は思いました。Aさんには気の毒ですが、反対にはきっとそれなりの理由があったのだと思います。順序が違うとか、公私の区別があいまいであるとか。目的は正しくても、筋を間違うと通らなくなることが世の中にはたくさんあるからです。

ただ、何が大事なことなのか、何を目指すのか、もっと本質の話し合いができていたら、結論はまた違ったかもしれません。

Aさんの話は続きます。

提供された五百坪の土地が田であったため、宅地への地目変更が必要だった。

ところが隣接農家の承諾がなかなか得られず、手続きはストップ。計画自体が暗礁に乗り上げてしまいました。

何の進展もないまま一年近くが過ぎ、さすがのAさんも途方に暮れてしまいます。

そんな折、この活動が地元新聞に取り上げられ、その記事を見たある高齢の女性が多額の寄付を申し出てこられました。これを機に、計画は一気に前進、協力してくださる方も徐々に増えてきました。その後様々な紆余曲折を経て、やがて数年後、時代の先駆けともいうべき立派な施設が完成したのでした。

それから今日まで、その老人ホームは事業を拡大し、今や地域になくてはならない総合施設になっています。すべては神さまの業《わざ》であり奇跡です、とAさんは言われます。

お金もなく、経験も知識もなく、方法も知らなかったAさん。あるのはただ、志と情熱だけでした。力を貸してくださる方々も、はじめはなかなかいませんでした。それでも、Aさんは出発したのです。

「青年は幻を見、老人は夢を見る」（新約聖書・使徒の働き二章一七節）と聖書は言います。Aさんの話を聞きながら、私は信仰者にとって夢を持つ、ビジョンを抱くということがどういうことなのか、教えられたような気がしました。

それは、必ずしも条件が整っている中で作る、きっちりとした計画ではありません。かといって、無謀や無茶とも違います。ただ、何かに突き動かされて心にともった灯りのようなものを、どこまでも消さずに大切に保ち続けることです。そして、人としてやるべきことを尽くしつつ、そこから始まる不思議な神の業に付き合っていくことです。

結果として何ができたかではありません。また、たとえ自分が思い描いていたような展開にならなかったとしても、それも問題ではないでしょう。大事なのは、このかすかな灯りに気づくこと、そして今日の小さな一歩を踏み出すことです。

五十年前、アメリカの公民権運動を指導したキング牧師は、「I Have a Dream」と演説しました。けれども、事の発端は、それより数年前の冬、ローザ・パークスという一人の黒人の女性が、バスの中で白人に席を譲らなかったことでした。彼女にどれだけの信念があったのかわかりません。けれども彼女のそのひとつの行為が、やがて、あの自由と平等を求める二十五万人のワシントン大行進になっていったのです。

そして、キング牧師をして八回も「I have a Dream」と叫ばせたのだと思います。もうひとつ教えられることがありました。それは、この夢を、しばしば「正論」が消してしまうということです。「正論」は、私たち自身の中にもあるし、そして案外身近に（身近だからこそというべきか）あるものです。聖書にある福音書にも、「預言者が尊敬されないのは、自分の郷里、家族の間だけです」（新約聖書・マタイの福音書一三章五七節）とあります。

それゆえ、主イエスご自身も、故郷では奇跡を多くはなさいませんでした。聖書には「彼らの不信仰のゆえに」とあります。それだけに、これはとても厳粛なことです。

イギリスの聖書学者ウィリアム・バークレーもこう言っています。

「この世には批判のことばが多すぎる。われわれは批判ではなくて激励をしようではないか。」

（『希望と信頼に生きる　ウィリアムバークレーの一日一章』ヨルダン社）

心して聞くべき言葉です。

キリスト者の福祉は伝道の手段なのか？

ある方に、こんなことを聞かれたことがあります。

「からしだねの働きを通して、何人の方が教会に導かれましたか？」

もっともな質問だと思いました。というのは、私たちキリスト者はだれでも、一人でも多くの人が福音に触れ、神を知るようになることを願っているからです。

からしだね館に関わる私たちにしてももちろんそうですし、またそのためにこの働きが少しでも用いられたら幸いです。

ですが、こうして正面から、「それで、何人救われましたか？」のように聞かれると、それもどこか違うような気がするのです。

結果を数字で問われることの違和感もありますが、つまりこれは、何人という結果が出て初めて福祉をやっている価値があるということで、いわば福祉を手段と見る考え方だと言えます。

しかし、はたしてそうなのでしょうか？

私は、むしろキリスト者が携わる福祉自体に、福音としての意味と価値があると考えています。そしてそれは、医療であれ教育であれ、農業であれ商売であれ、あるいは政治であれ、どんな分野の働きであっても同じことだと思っています。

＊

今からもう八十年も前に、一人の女性宣教師が日本で幼稚園を開きました。当時、子どもを幼稚園に通わせることができたのは、比較的裕福で教育熱心な、開かれた層の人たちだったろうと思いますが、まだまだキリスト教に風当たりの強い時代でした。そんな時代、はるばる異郷の地にやって来た彼女は、祈りつつ幼児教育という分野で熱心に働きました。

毎日子どもたちを抱きしめながら、「あなたは神さまに愛されている存在なのですよ」と伝え続けました。子どもたちが卒園するまでの一年かそこらの短い期間のことです。

やがて戦争が始まり、彼女は母国へ帰って行きました。

その後、子どもたちがどういう人生をたどることになったのか、ましてや教会に行って洗礼を受けた卒園生が何人いたかなど、彼女はおそらく知ることもなく生涯を終えたことでしょう。

それでも、私の知るその幼稚園の卒園生の一人の高齢の女性は、その後の人生の中で、自殺寸前のところから救われ、今キリスト者としての歩みを続けておられます。その背後には、幼稚園児の彼女を抱きしめてくれた、あの女性宣教師の存在があったのです。

何をしたか、何を残したか、何人だったか。

これらはじつは、私たちが思うほど、あまり大した問題ではありません。

マザー・テレサは、次のような印象的な言葉を残しています。

「わたしは、一人の人を助け、できればもう一人の人を助けたいと思っているだけです。」

彼女の関心の対象は、常に目の前の貧しい一人の人でありました。ぼろぼろになって死にゆく人に、彼女は主イエスを見ていました。

そんなマザーを、多くの人々がこう批判したかもしれません。いちいちパンを与えていてもきりがない。結局は、何の根本的な解決にもなっていないではないか。

それでも、世界中の人々が、マザー・テレサの働きを通して神の愛を知ったのです。

「これらの……最も小さい者たちのひとりにしたのは、わたしにしたのです。」

（新約聖書・マタイの福音書二五章四〇節）

聖書の中にはこう書いてありますが、この「最も小さい者」というのは、じつは私たち自身の中にある、日常のひとつひとつの「ひっかかり」であり、他者へのちょっとした関心であり、あるいはささやかな思いやりであるのかもしれない、と私は思っています。

たとえば、私は、精神障害者の支援という小さなからし種を神さまからいただきました。私はただ、その種を蒔き続けるばかりです。「蒔きなさい」と言われたからです。

もし、水をやりなさいと言われたら、とにかく水をやり続ける。そして、刈り取りなさいと言われたら、ちょうど良いときに刈り取る。そういうことではないでしょうか。

種を蒔く人は、刈り取る喜びを知らずに終わるかもしれません。それでよいのです。

特に若い読者にこうおすすめしたいと思います。どうかこの閉塞した現代の日本にあって、神さまから示された、あなたなりの特別な分野で、エキスパートとして活躍してください。そのために大いに勉強し、道を切り開いていってください。

キリストを知り、その愛に生かされている者が携わる仕事は、それがどういう分野であれ、すべて福音の働きであり、宣教であると私は信じています。

おわりに

「私は、すでに得たのでもなく、すでに完全にされているのでもありません。ただ捕らえようとして、追求しているのです。そして、それを得るようにとキリスト・イエスが私を捕らえてくださったのです。」

（新約聖書・ピリピ人への手紙三章一二節）

福祉の仕事に携わるなかで、いろいろと考えたり、感じたりすることがあります。今回、それらをまとめてみました。ある場合は福祉という枠を越えて、人や社会との関わりについての意見であり、また人生の意味についての私なりの感想であったりします。

けれども、それらは結局どこかでつながっているように思います。

私は、高校一年の冬にキリスト教の洗礼を受けました。聖書の神を信じるという決心をしたのです。そのとき、私の中を吹き荒れていた激しい風が凪《な》いだように感じました。しかし、それもつかの間で、それから一年、二年とたつうちに、もっと激しい嵐が私を襲ってきたのです。「本当に神はいるのか?」「なぜ生きるのか?」「自分はこれからどうなっていくのか?」そうした疑問や不安が次々と湧いてきて、先の見えない深い霧の中にどんどん入っていくようでした。

そんな十代の終わりころ、私はよくヒッチハイクや自転車であちこちを旅行しました。寝袋とテントを背負って炎天の下を歩くことも、自転車でほこりまみれになって峠道を越えて行くことも、何だか自分にふさわしいことのように思えました。思えば、あのころの悩みというのは、まるでキリを揉むように、自己の内へ内へと入っていくものだったような気がします。衝動的で無謀なあのころの私の旅は、そうした痛みに耐えるためのものだったのかもしれません。

あれから何十年かの歳月がたちました。年を重ねてきて、若い日の悩みが解決、解消したとは必ずしも言えません。正直なところ、生きれば生きるほど、悩みは尽きず、わからないことが湧いてくるのです。ただ若いころと違うのは、何かの「関わり」の中でのそれへと変わってきたことです。

これでも信仰なのだろうか、とふと思うことがあります。

けれども、それでいいんだ、とも思っています。

使徒パウロも、「すでに得たのでもなく、すでに完全にされているのでも」ない、と言っています。そう思うことのほうが、むしろ自然なのだと教えられます。若い日には知らなかったけれども、年を経て気づいた一つのことがあります。それは、「キリスト・イエスが私を捕らえてくださった」とパウロも告白しているその事実です。このような私であっても、神は私に目を留め、私を生かそうとしていてくださる。それこそ小さな一粒のたねのような存在である私を、です。このことを知ることができただけで、私はこれからも、どんな中でも生きていけます。そしてまた、自分に与えられた働きを続けていくことができるのです。

福祉の仕事には、あまり枠をはめないほうがよいと私は考えています。からしだねの十年の歩みの中でも、それまで知らなかった気づきや発見が多くありました。それらは、実践の中で教えられるものです。そして、夢や可能性も生まれます。イエスが今の時代に生き、福祉を見られたらどうだろうか。ワーカーとしてのイエスならどうされるだろう？　などと想像するのは楽しいことです。実践を通して、経験の中から、生活の場で……。福音書を見ても、これが主イエスのやり方でした。

本書は、福祉を仕事としている一キリスト者の小さな経験談であり、随想録です。お読みくださった方の心に、何かが残ったとしたら、著者として望外の喜びです。

おわりに、今回の出版をお勧めくださった、いのちのことば社出版部の長沢さん、月刊「いのちのことば」誌連載時から忍耐をもって制作にご尽力くださった担当の米本円香さんに、心からの感謝を申し上げます。

二〇一三年　師走

著　者

坂岡　隆司
さかおか　たかし

1954年、鳥取市生まれ。早稲田大学法学部卒。

公務員、高齢者福祉施設勤務を経て、2005年社会福祉法人ミッションからしだねを立ち上げ、障害者福祉施設「からしだね館」を開設。特に地域で暮らす精神障害者の支援に取り組む。

社会福祉士。精神保健福祉士。社会福祉法人ミッションからしだね理事長。一般社団法人キリスト者協働の家理事長。

インマヌエル京都伏見教会会員。

【社会福祉法人 ミッションからしだね】
〒607-8216
京都市山科区勧修寺東出町75
TEL　075-574-2800
http://www.karashidane.or.jp/

一粒のたねから

2014年 3 月 1 日　発行

著　者　坂岡隆司
印刷製本　シナノ印刷株式会社
発　行　いのちのことば社〔出版部〕
〒164-0001 東京都中野区中野2-1-5
電話 03-5341-6922（編集）
03-5341-6920（営業）
FAX03-5341-6921
e-mail:support@wlpm.or.jp
http://www.wlpm.or.jp/

ISBN 978-4-264-03186-4